온 천하 취미 영어

온 천하 취미 영어

펴 낸 날 2022년 3월 25일

지 은 이   이성
펴 낸 이   이기성
편집팀장   이윤숙
기획편집   이지희, 윤가영, 서해주
표지디자인 이지희
책임마케팅 강보현, 김성욱
펴 낸 곳   도서출판 생각나눔
출판등록   제 2018-000288호
주   소   서울 마포구 잔다리로7안길 22, 태성빌딩 3층
전   화   02-325-5100
팩   스   02-325-5101
홈페이지   www.생각나눔.kr
이 메 일   bookmain@think-book.com

• 책값은 표지 뒷면에 표기되어있습니다.
  ISBN 979-11-7048-378-6 (03740)

즐거운 영어 회화 공부 방법

천하 취미 영어

이성 지음

Can you speak
English?

생각나눔

온 천하 취미 영어

Contents

박춘자 남한산성 김밥 할머니 기리며 … 6

영어 발음 기호표 … 7

◇ prologue … 8

Ⅰ. 실전회화 250문장 … 11

Ⅱ. 가사로 공부하기 … 99

Ⅲ. 악보 … 137

박춘자 남한산성 김밥 할머니 기리며

2022. 1. 4.

'인사말'

보훈 병원에 입원하여 있으며, 캐나다에 있는 손녀 손자에게 전화하여 아직도 영어회화를 잘 못 하고 있다는 것을 절실히 깨닫고, 쉬운 영어책을 하나 쓰겠다고 생각했다.

어떻게 하면 쉽게, 빠르게 영어에 접근할까 생각 중, 가장 쉬운 말을 아기들과 같이 외우는 것이 최고라는 결론에 도달하여 쉬운 영어회화를 외우기 시작했다. 아기들처럼 수십 수백 번 외우는 것이 좋겠다 생각하고 외우기 시작했다. 그 후 취미로 문장을 늘려 나가기로 했다. 영어의 정답을 70 넘어서 찾은 것이다.

영어 발음 기호표

A	a	애, 아 에, 이 어, 오	J	j	ㅈ	S	s	ㅅ, ㅆ
B	b	ㅂ	K	k	ㅋ	T	t	ㅌ, ㄹ 쉬, 취
C	c	ㅋ, ㅆ 쉬, 취	L	l	ㄹ	U	u	ㅓ, 우, 유 이
D	d	디, 드 ㅈ, ㅌ	M	m	ㅁ	V	v	ㅂ
E	e	에, 어 이	N	n	ㄴ, 응	W	w	우
F	f	ㅍ, ㅂ, ㅎ	O	o	오, 어, 아 오우, 이 우, 워	X	x	ㅋ, ㅅ ㄱ, ㅈ, ㅋ 럭, 쉬
G	g	ㄱ, ㅈ	P	p	ㅍ	Y	y	이
H	h	ㅎ	Q	q	ㅋ, 쿠	Z	z	ㅈ
I	i	아이 이, 어	R	r	ㄹ			

1. 비밀

기본 문장을 확실히 외우고
본인이 하고 싶은 말이나 문장을
쓰고 읽고 외우고 영작 연습을
매일 몇 문장씩 합니다.
애인과 동행하듯이
그러면 영어에 취미가 붙어
평생 하게 되고
치매도 멀리 도망갑니다.

2. 비밀

쉽다고 깔보지 말고
엄마 아빠 하듯이
늘 튀어나올 때까지
겸손하게 외우자 수백 번

3. 비밀

영어를 쉽게 할 수 있다는 말에
속지 마세요.

이 책을 구입하신 분은
반드시 끝까지 이 책을 읽어 영어에
자신감을 갖게 될 것이다.

먼저 영어를 조금 하신 분들은 1일에도
이 책을 읽을 수 있으리라고 확신한다.

그러나 영어는 소설같이 읽는 것만으로 활용할 수 없다.

골프를 하기 위해서 양쪽 팔을 흔드는 것을
얼마나 반복하여야 하는가?
내일 수백 수천을 공을 치면서 반복해야
골프를 잘 치게 된다.
모든 것이 기초를 단단히 하여야 하는데
기초는 반복, 또 반복하는 수밖에 없다.

어린아이가 우리말을 익히는 데
이만 번 정도 반복하여 말을 할 수가 있다고 한다.
정말 대단한 노력으로 말을 배우는 것이다.

이 책은 가장 쉬운 문장들을 사용하여
문장 형식까지 익히도록 하였고
하루에 한 번씩 50번 100번 반복하여
무의식적으로 영어가 튀어나오도록 연습하여
영어가 취미가 되도록 하였다.
공부가 아니고 취미와 재미로 영어를 하고 낙서도 하며
자신의 책을 만들도록 노력하시기를 바란다.

1. 사전은 꼭 준비하고
쉬운 것도 모르는 것도 꼭 찾는다.

2. 동사가 정말 중요하나
동사는 완전자동사, 불완전자동사
완전타동사, 불완전타동사, 조동사
등을 익혀 나간다.

3. 문법은 필요 없다고들 말하나,
기초적인 것은 여기 나오는 250여
문장을 외우는 동상 저절로 익혀질 것이다.
익히고 나서 취미가 붙으면 독해력을
익히듯이 닥치는 대로 회화와 문장을 하루
10개 20개씩 외워 영어에 달통하시기를
기대합니다.

2021. 11. 3. 저자

Chapter

1

기억할 문장을 매일 적어주세요

실전회화 250문장

1. 나는 매우 행복합니다.

   I am so happy.

   아이 엠 소 해피

2형식
주어+동사
(I = happy)

2. 집에 있습니다.

   I'm home.

   아임 홈

1형식
주어+동사
있다. 였다.
(home은 장소를 말하는
부사구)

3. 어떻게 지내?

   How are you doing?

   하우 아 유 두잉

4. 선택이 없었어요.

   I have no choice.

   아이 해브 노 초이스

5. 좋은 여행 되세요.

   Have a good trip.

   해브 어 굿 트맆

3형식

6. 꼭 해야 하나요?

   Do I have to.

   두 아이 해브 투

매일 한 문장이라도 문장을 쓰고 읽고 외우고 영작하세요.

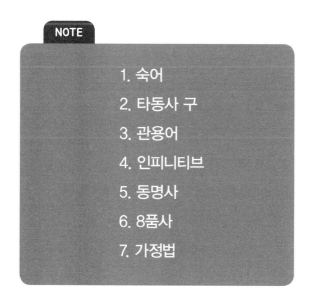

NOTE

1. 숙어
2. 타동사 구
3. 관용어
4. 인피니티브
5. 동명사
6. 8품사
7. 가정법

영어의 골격이니까 그때그때 알아두세요.

단번에는 힘이 들고 오래 걸립니다.

7. 강요하지 마.

Don't push me.

돈 프쉬 미

3형식
주어+동시+목적어
(me) 나를 밀지 마 (~를)
로 해석되면 3형식

8. 나를 도와 줄래요?

Can you help me?

캔 유 핼프 미

3형식
(me) 나름

9. 노력 없이 얻을 수 없다.

no pain no gain.

노 패인 노 게인

10. 좋은 시간 보내.

Have a good time.

해브 어 굿 타임

11. 그저 그래.

just so-so.

저스트 소 소

12. 나를 소개합니다.

Let me introduce myself.

렛 미 인트로듀스 마이셀프

5형식 사역동사(Let) 시키다.

'~을', '~하도록' 시키다.
나를 시키다, 나 자신을
소개하도록.

알아두면 편리한 5형식

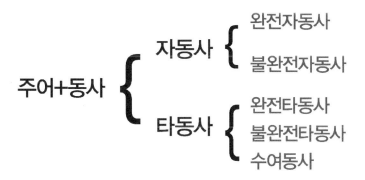

(~을)에 해당하는 목적어가 필요한 것이 타동사입니다.

목적어는 명사, 대명사로 됩니다.

13. 내가 이겼습니다.

I won.

아이 원

주어+동사 1형식

14. 시작해 주세요.

Allow me.

애로우 미

15. 또 봅시다.

See you.

씨 유

16. 따라 오세요.

Follow me.

화로우 미

17. 즐기세요.

enjoy yourself.

엔조이 유어셀프

3형식 (~을) 당신 자신을 즐기세요.

18. 걱정 마세요.

Don't worry

돈트 워리

NOTE

19. 말조심하세요.

Watch your mouth.

워취 유어 마우스

20. 쉽게 얻은 것은 쉽게 나간다.

Easy come easy go.

이지 컴 이지 고

21. 잘했어요.

good job.

굿 잡

22. 이것 또한 지나가리니.

this too shall pass away.

디스 투 샬 패스 어웨이

23. 그 여자는 간호원이다.

She is a nurse.

쉬 이스 어 널스

2형식
She = nurse

24. 그는 늙게 되었다.

He grew old.

히 그루 올드

2형식
He = old

25. 그 사실은 진실하다.

The fact holds true

더 팩트 홀즈 트루

26. 그 여자는 정직하게 보입니다.

She appears honest.

쉬 어피어스 어니스트

27. 진정해.

Calm down.

캄 다운

명령문(주어+)

28. 실례합니다.

excuse me.

익스큐즈 미

29. 잘 모르겠어요.

no clue.

노 크루

30. 멋집니다.

That's awesome.

댓스 와섬

2형식
That = awesome

31. 당신이 맞습니다.

you're right

유 아 라잇

32. 다른 것이 있습니까?

anything else?

에니 씽 엘스

33. 얼마죠?

How much?

하우 머치

34. 요행을 믿지 마세요.

Don't trust to chance.

돈 트러스트 투 찬스

요행'을'이 들어가면 3형식

35. 저 자신에게 화가 났습니다.

I am mad myself.

아이 엠 매드 마이셀프

36. 처음 만나서 반갑습니다.

nice to meet you.

나이스 투 미트 유

(you) 당신을 만나서 3형식

37. 계속하세요.

Keep it up.

킵 잇 업

3형식 명령문 (it: 그것을)

38. 나는 그 책을 쉽게 찾았다.

I found the book easily.

아이 파운드 더 북 이지리

3형식, 그 책을

39. 내가 당신의 기분을 상하게 했나요?

Did I hurt your feelings?

디드 아이 허트 유어 필링스

40. 너는 왜 나에게 대답을 안 하니?

Why don't you answer me?

와이 돈 유 앤설 미

41. 말조심해.

Watch your language.

워치 유어 랭귀지

3형식(너의 말을)

42. 네 일이나 잘 보아라.

Mind your own business.

마인드 유어 오운 비즈니스

43. 할 수 있어요.

You can do it.

유 캔 두 잇

44. 결정됐습니다.

It's decided then.

잇츠 디사이드 댄

45. 무슨 일 있나요?

What's going on?

홧스 고잉 언

46. 저도 끼워 주세요.

count me in.

카운트 미 인

3형식
나(를) 끼워주세요.

47. 신경 안 써요.

I don't care

아이 돈 케어

48. 날 실망시키지마.

don't let me down

돈트 렛 미 다운

49. 너무 넘겨 짚지 말아요.

Don't assume the much

돈트 어슘 더 머취

50. 새것만큼 좋다.

It's as good as new

잇스 에즈 굿 에즈 뉴

51. 어떤 길을 택할 것인가!

which way do you take!

위치 웨이 두 유 테이크

52. 그는 만족해 보인다.

He looks satisfied.

히 룩스 새티스화이드

2형식
He = satisfied

53. 내 명함을 줄게.

Let me give you my card.

렛 미 기브 유 마이 카드

4형식 (~에게 ~을)
you에게 나의 카드를

54. 너에게 무슨 일이야?

What happen to you?

홧 해펀 투 유

55. 태워 드릴까요?

you need a ride?

유 니드 어 라이드

56. 괜찮아?

Are you sure?

아 유 슈어

57. 미안해, 나가봐야 해.

I'm sorry, I have to go.

아임 소리 아이 해브 투 고

58. 그럴만한 가치가 없어.

It's not worth it.

잇스 낫 워스 이트

59. 금방 올게.

I will light back.

아이 윌 라이트 백

60. 바로 저기에

It's just overthere.

잇스 저스트 오버데어

61. 할 수 있어요.

you can do it.

유 캔 두 잇

3형식 (~을) 목적어

62. 결정됐습니다.

It's decided then

잇스 디사이디드 덴

63. 전혀요.

not at all.

낫 엣 올

64. 무슨 일 있나요?

what's going on?

홧스 고잉 언

65. 저도 끼워 주세요.

count me in.

카운트 미 인

3형식, (나를) me가 목적어
목적어는 명사, 형용사
목적어를 취하는 동사를
타동사

66. 신경 안써요.

I don't care

아이 돈트 케어

NOTE

67. 밥 먹었어?

Have you eaten?

해브 유 이튼

Have+과거분사(P.P)를 현재완료라고 한다.

68. 별것 아니야.

no big deal.

노 빅 딜

동사는 현재 과거 과거분사를 꼭 알아두는 것이 좋다.

69. 덕분에 즐거웠습니다.

That made my day.

댓 메이드 마이 데이

70. 확실합니다.

It's certain

잇스 설튼

71. 저 자신에게 화가 났습니다.

I'm mad myself.

아임 메드 마이셀프

72. 우리 선생님은 영어뿐만 아니라 프랑스어도 잘합니다.

Our teacher speaks French
as well as English.

아워 티철 스픽스 프렌치 에즈 웰 에즈 잉글리쉬

as well as는 다음 단어부터 해석하여 앞으로.
(~는 물론 ~도)

73. 진정해.

Calm down.

캄 다운

74. 손 좀 빌려주세요.

give me a hand.

기브 미 어 핸드

4형식(~에게 ~을)
나에게(간접 목적) 존을(직접 목적)

75. 귀를 빌려주세요.

Lend me your ear.

랜드 미 유어 이어

4형식
'me 나에게' '너의 귀를'
간접 목적   직접 목적

76. 행운을 빌어주세요.

wish me luck.

위시 미 러크

NOTE

77. 원해요?

Do you want it?

두 유 원트 잇

78. 또 만나서 반가워요.

please to meet you again.

플리즈 우 미트 유 어게인

79. 집에 있어 생명을 구하라.

stay home save lives.

스테이 홈 세이브 리브즈

80. 그건 불가능합니다.

It's impossible.

잇스 임파서블

81. 저는 급해요.

I'm in a hurry

아임 인 어 허리

82. 그를 자주 보나요?

Do you see him often.

두 유 씨 힘 오픈

NOTE

83. 조금만 참아!

just hang in there!

저스트 행 인 데어

84. 그만 웃어.

stop laughing.

스톱 라힝

85. 미안해요.

I'm sorry.

아임 소리

86 어떻게 주무셨나요?

How did you sleep?

하우 디드 유 슬립

87. 그들은 김씨를 그들의 대변자로 뽑았다.

They elected Mr. Kim their spoken man

데이 일렉티드 미스터 김 데어 스포큰 맨

5형식   mr.   Kim   =
spoken man
그를 대변자로
(~을 ~으로)
5형식
the book = easy
목적어   목적 보어

88. 나는 그 책이 쉬운 것을 발견했다.

I found the book easy.

아이 화운드 더 북 이지

89. 정말

for sure.

훨 슈어

90. 오해하지 마세요.

Don't get me wrong

돈트 겟 미 롱

91. 제 잘못입니다.

It's my fault.

잇스 마이 훨트

92. 침착하세요.

pull yourself together.

풀 유어셀프 투게더

93. 그러고 보니 생각나요.

That reminds me.

뎃 리마인드 미

94. 너무 감동했어요.

I'm so touched.

아임 소 터치드

95. 정말 끔찍한 날씨군.

what terrible whether.

홧 테러블 웨더

96. 그는 용기가 부족해요.

He lacks courage.

히 렉스 커리지

97. 당신이 원했어요.

you ask for it.

유 아스크 훨 잇

98. 그건 불가능합니다.

It's impossible.

잇스 임파서블

99. 자기 자신을 아는 것은 어려운 일이다.

To know oneself in a difficult.

투 노우 원셀프 인 어 디피컬트

100. 영어를 공부하는 것은 어려운 일이다.

To study English is hard.

투 스터디 잉글리쉬 이즈 하드

101. 내가 그것에 성공하는 것은 불가능하다.

It is impossible for me to succeed in it.

잇 이즈 임파서블 훠 미 투 썩시드 인 잇

It은 가주어, 진짜는 for me to succeed to+succeed는 부정사, 부정사는 영어의 아주 중요한 부분입니다.

102. 저는 술은 전혀 안 마셔요.

I never drink.

아이 네버 드링크

103. 별것이 아닙니다.

nothing seriously.

낫씽 씨어리어스리

104. 당신은 미쳤습니다.

you are crazy.

유 아 크레이지

2형식 주어+동사+주격보어
you = crazy

105. 좋은 여행 되세요.

Have a good trip.

해브 어 굳 트립

106. 저는 그렇게 생각 안 해요.

I don't think so.

아이 돈 띵 소

1형식 주어+동사
so는 부사로, 문장 구성에 안 들어감

107. 별일 아니에요.

no big deal.

노 빅 딜

108. 저는 당신 편이에요.

I am on your side.

아이 엠 언 유어 사이드

109. 이것은 마지막이에요.

This is final.

디스 이즈 화이널

3형식
(당신을) 그리워한다.

110. 어서 해보세요.

Have a go at it.

해브 어 고 엣 잇

111. 맛은 어때요?

How does it tastes?

하우 더즈 잇 테이스트스

명령문은 동사가 앞으로

112. 싱글입니다.

I'm single.

아임 싱글

NOTE

113. 저는 너무 바쁩니다.

I'm too busy.

아임 투 비지

114. 정말 똑똑하십니다.

you are so smart.

유 아 소 스마트

115. 나는 당신이 그리워요.

I miss you.

아이 미스 유

116. 잘했어요.

you did a gook job

유 디드 어 굳 잡

117. 귀찮게 하지 마세요.

Don't be bothered.

돈트 비 보더드

118. 걱정 마세요.

Don't worry.

돈 워리

119. 덕분에 좋은 하루네요.

you made my day.

유 메이드 마이 데이

120. 도와 드릴까요?

Can I help you?

캔 아이 헬프 유

can은 조동사

121. 걷는 것은 인간에게 좋다.

walking is good for the health.

워킹 이즈 굳 포 더 헬스

122. 그는 지금 담배를 피우고 있다.

He is smoking now.

히 이즈 스모킹 나우

123. 노래를 부르는 소녀를 아느냐?

Do you know the girl singing?

두 유 노우 더 걸 싱잉

5형식 the girl = singing
소녀를(목적어) 노래하는
(목적 보어)

124. 이것은 존에 의해서 세워졌습니다.

This is a built by John.

디스 이즈 어 빌트 바이 존

125. 또 만나요.

I'll be seeing you.

아윌 비 씨잉 유

126. 약속해요.

I promise.

아이 프로미스

127. 바로 저기예요.

right over there.

라이트 오버 데어

128. 망쳤습니다.

It is spoiled.

잇 이즈 스포일드

129. 그는 기차를 타고 왔습니다.

He came by train.

히 케임 바이 트레인

130. 마음껏 드세요.

Help yourself.

헬프 유어셀프

131. 다이어트 중입니다.

I'm on a diet.

아임 언 어 다이어트

1형식 주어+동사

132. 그는 수영을 할 수 있는 사람이다.

He is a man who can swim.

히 이즈 어 멘 후 캔 스임

2형식 He = a man

133. 그가 정직한 것은 사실이다.

That he is honest is true.

덴 히 이즈 어니스트 이즈 트루

2형식 정직한 것 = 사실

134. 그는 내가 학과를 준비할 때 왔다.

He came when I was preparing my lesson.

히 케임 휀 아이 워즈 프리퍼링 마이 레슨

1형식 그는 왔다.

135. 그는 나를 보았을 때 도망쳤다.

seeing me he ran off.

씨잉 미 히 랜 어프

1형식 그는 도망쳤다.

136. 지구는 태양의 주위를 돈다.

The earth moves round the sun.

더 어스 무브스 라운드 더 선

137. 휴일은 어땠나요?

How is holiday?

하우 이즈 홀리데이

138. 저는 길을 잃었어요.

I lost.

아이 로스트

1형식 주어+동사

139. 내일 비가 오면 안 떠나겠다.

I will not start If it rains tomorrow.

아이 윌 낫 스타트 이프 잇 레인스 투모로우

140. 무슨 말인지 알지요?

you know what I mean?

유 노우 홧 아이 민

3형식 내가 의미하는 것을

141. 정말 친절하시군요.

It's very kind of you.

잇스 베리 카인드 어브 유

2형식
It(그것은) = 친절

142. 오랜만이네요.

long time no see.

롱 타임 노 씨

143. 괜찮으세요?

Are you all right?

아 유 올 라이트

144. 저는 그를 존경해요.

I look up to him.

아이 룩 업 투 힘

3형식 그를(him)

145. 이거 얼마예요?

How much is this?

하우 머치 이즈 디스

2형식
'this 이것' = '얼마 How much'

146. 화장실이 어디예요?

where's the bathroom?

훼어스 더 바스룸

147. 지금 뭐 해?

what are you up to?

홧 아 유 업 투

148. 배고프다.

I am hungry.

아 엠 헝그리

2형식 I = hungry

149. 뭐 먹을까?

what do you want to eat?

홧 두 유 원트 투 잇

150. 하는 수 없네요.

If you say so.

이프 유 세이 소

151. 당신도요.

the same to you.

더 세임 투 유

152. 차를 빌려도 될까요?

could I borrow your car?

쿠드 아이 보로우 유어 카

3형식 (너의 차)를

153. 그러길 바라요.

I hope so.

아이 홉 소

154. 나는 그것을 끝마치게 된다.

I shall have finished it.

아이 샬 해브 휘니시드 잇

155. 나는 좋은 집을 사가지고 있을 것이다.

I shall have bought a nice house.

아이 샬 해브 보트 어 나이스 하우스

156. 그는 세상을 많이 볼 것이다.

He will have seen much of life.

히 윌 해브 씬 머치 오브 라이프

157. 맙소사!

good grief!

굳 그리프

158. 틀림없습니다.

Exactly.

이그잭트리

159. 저는 빨리 먹어요.

I eat quickly

아이 잇 퀵크리

160. 즐거운 시간 되세요.

Enjoy yourself.

엔조이 유어셀프

명령문 3형식
(너 자신)을

161. 이건 긴 이야기입니다.

It's a long story.

잇스 어 롱 스토리

2형식 It = long story

162. 피곤합니다.

I feel tired

아이 휠 타이어드

163. 기분이 좋습니다.

I feel good

아이 휠 굳

164. 무슨 일 있어요?

what happened to you?

홧 해펀드 투 유

165. 조심하세요.

Be careful.

비 캐어플

166. 천천히 하세요.

slow down.

스로우 다운

167. 최선을 다해 쓰겠습니다.

I will try my best.

아이 윌 트라이 마이 베스트

3형식 my best(최선을)

168. 아직이요.

not yet.

낫 옛

169. 나는 이 편지를 썼다.

I wrote this letter.

아이 로트 디스 레터

3형식 이 편지를

170. 이 편지는 나에 의해서 쓰여졌다.

This letter was written by me.

디스 레터 워즈 리튼 바이 미

171. 그는 나를 보고 웃었다.

He laughed at me.

히 라흐티드 엣 미

1형식 주어+동사
at me는 부사구로,
문장 구성 요소가 아닙
니다.
동사는 과거, 현재, 과거
분사가 있고, 규칙동사,
불규칙동사로 나뉘고 불
규칙동사는 그때그때 외
우도록

172. 나는 그를 보고 웃게 되었다.

I was laughed at by him.

아이 워즈 라흐티드 엣 바이 힘

173. 물론 아니죠.

certainly not.

서든리 낫

174. 그는 관심 없어요.

He is not in

히 이즈 낫 인

175. 좋아요.

It's good.

잇스 굿

176. 식사하셨나요?

Have you eaten?

해브 유 이튼

현재완료
Have+eaten
(eat의 과거분사)

177. 정말 감동적이네요.

It's really touching

잇스 리얼리 터칭

178. 저도요.

me too.

미 투

179. 운이 좋네요.

what luck.

홧 러크

180. 보통 그렇듯이.

as usual.

에즈 유즈얼

181. 농담하는 거죠?

you must be joking?

유 머스트 비 조킹

182. 말도 안 됩니다.

It doesn't make any sense.

잇 더즌 메이크 에니 센스

183. 당신의 조언이 정말 필요해요.

I need really your advice.

아이 니드 리얼리 유어 어드바이스

184. 만일 나에게 돈이 많이 있다면
그 집을 살 텐데!

If I had much money
I would buy the house.

이프 아이 헤드 머치 머니 아이 우드 바이 더 하우스

가정법
현재의 사실과 반대일 때
과거형 동사 had
would buy

185. 그렇게 됐습니다.

That happens.

댓 해펀스

186. 안전벨트 매세요.

Fasten your seat belt.

훼이슨 유여 씨트 벨트

187. 저는 전업주부예요.

I am a housewife.

아이 엠 어 하우스와이프

2형식

188. 기분이 좋네요.

I am feel wonderful.

아이 엠 휠 원더풀

189. 배부릅니다.

I'm full.
아임 풀

190. 문제 있나요?

It's anything wrong?
잇스 에니씽 롱

191. 그리울 겁니다.

I'll miss you.
이월 미스 유

192. 좋은 날이네요.

It's a fine day.
잇스 어 화인 데이

193. 그때가 좋았습니다.

Those were the days.
도즈 워 더 데이스

194. 이제 갈 시간입니다.

It's time to go.
잇스 타임 투 고

195. 내가 부자라면 그것을 살 수 있을 텐데!

If I were rich I could by it!

이프 아이 워 리치 아이 쿠드 바이 잇

196. 버스 오네요.

There comes a bus.

데어 컴스 어 버스

197. 상관없어요.

It doesn't matter.

잇 더즌트 메더

198. 영어를 잘하는 소년을 안다.

I know a boy who can speak English well.

아이 노우 어 보이 후 캔 스픽 잉글리쉬 웰

199. 그가 열심히 공부했다고 말했다.

He said that he worked hard.

히 세이드 댓 히 웍트 하드

200. 그는 그 책을 다 읽었다고 말했다.

He told me that He had
read the book through.

히 톨드 미 댓 히 해드 리드 더 북 쓰루

201. 나는 평소 외식을 하고 있습니다.

I usually eat out.

아이 유즈얼리 잇 아웃

202. 그는 지구는 둥글다고 말했다.

He said that the earth is round.

히 세이드 댓 디 어스 이즈 라운드

203. 똑바로 해요.

Do it right.

두 잇 라이트

204. 당신의 취미는 뭐예요?

what is your hobby?

홧 이즈 유어 하비

205. 저는 당신을 믿을게요.

I will trust you.

아이 윌 트러스트 유

206. 작별 인사를 위해 전화했습니다.

I am calling to say goodbye.

아이 엠 콜링 투 세이 굿바이

207. 하지 마세요.

Don't do it.

돈 두 잇

208. 괜찮을 거예요.

you will be fine.

유 윌 비 화인

209. 안돼!

no way.

노 웨이

210. 존경을 표합니다.

I respect you.

아이 리스펙트 유

211. 기분이 아주 좋습니다.

I feel great.

아이 휠 그레이트

212. 또 빈둥거리는 거야?

fooling around again?

훌링 어라운드 어게인

213. 요리할 줄 알아?

Can you cook?

캔 유 쿡

214. 그는 "나는 행복하다."라고 말했다.

He said "I am happy.".

히 세이드 아이 엠 해피

215. 그는 "자기가 행복하다."라고 말했다.

He said that He was happy.

히 세이드 댓 히 워즈 해피

216. 저를 너무 믿지 마세요.

don't count on me.

돈 카운트 언 미

217. 요즘 어떠세요?

How are you recently?

하우 아 유 리센트리

218. 정말 유감입니다.

I really regret it.

아이 리어리 리거리트 잇

219. 내일 전화 주세요.

call me tomorrow.

콜 미 투모로우

220. 그저 그래요.

just so so.

저스트 소 소

221, 당신은 어쩔 수가 없네요.

you're impossible.

유아 임파서블

222. 괜찮습니다.

It's all right.

이스 올 라이트

223. 시간 좀 내주시겠어요?

Do you have a minute?

두 유 해브 어 미니트

224. 그녀는 행복한 삶을 살고 있습니다.

she had a happy life.

쉬 해드 어 해피 라이프

225. 찾으시는 게 있나요?

Do you have something?

두 유 해브 썸씽

226. 확실합니다.

I am sure.

아이 앰 슈어

227. 심장이 뜁니다.

My heart pounding.

마이 하트 파운딩

228. 저는 의심하고 있습니다.

I doubt it.

아이 다우트 잇

229. 그는 나에게 편지를 주었다.

He gave me the letter.

히 게이브 미 더 레터

230. 저는 당신을 믿습니다.

I have faith in you.

아이 해브 훼이스 인 유

231. 그때가 좋았습니다.

Those were the days.

도즈 워 더 데이스

232. 저 좀 도와주시겠어요?

can you help me?

캔 유 헬프 미

233. 당신에게 무슨 일이야?

what happen to you?

홧 해펀 투 유

234. 태워 드릴까요?

you need a ride?

유 니드 어 라이드

235. 금방 올게.

I will right back.

아이 윌 라이트 백

236. 바로 저기에.

over there.

오버 데어

237. 잘됐군요.

I'm so happy for you.

이임 소 해피 훨 유

238. 술을 전혀 안 마셔요.

I never drink.

아이 네버 드링크

239. 커피 사올게.

Let me get you some coffee.

렛 미 겟 유 썸 커피

240. 여기가 어디예요?

where am I?

훼어 엠 아이

241. 버스를 타세요.

take a bus.

테이크 어 버스

242. 요금이 얼마죠?

How much is the fare?

하우 머치 이즈 더 훼어

243. 거기는 어떻게 가죠?

How can I get there?

하우 캔 아이 겟 데어

244. 약도 좀 그려 주세요.

could you draw me a map.

쿠드 유 드로 미 어 맵

245. 가장 가까운 지하철역이 어디 있어요?

where is the nearest subway station?

훼어 이즈 더 니어리스트 서브웨이 스테이션

246. 뉴욕행 비행기를 예약하고 싶은데요.

I'd like to book a flight to new york.

아이드 라이크 투 북 어 흐라이트 투 뉴욕

247. 여기서 체크인 되나요?

can I check in here?

캔 아이 체크 인 히어

248. 괜찮아?

Are you sure?

아 유 슈어

249. 너뿐만 아니라 나도 그 사고에 책임이 있다.

Not only you but I am responsible for the accident.

낫 온리 유 벗 아이 엠 리스폰서블 포 더 엑시던트

Not only ~ but
~분만 아니라 ~도

250. 그는 나를 학자로 만들었다.

He made me a scholar.

히 메이드 미 어 스콜러

5형식 me = scholar
목적어 = 목적보어

250여 문장을 외우며 영어의 맛을 보았으나
독해력 연습을 조금 해봅시다.
(유명 팝송 7개로)

Chapter

2

독해력 연습
가사로 공부하기

I have a dream

ABBA

I have a dream a song to sing

To help me cope with anything

If you see the wonder

of the fairy tale

You can take the future

even if you fail

I believe in angels

something gook in everything I see

I believe in angels

when I know the time is right forme

I'll cross the stream

I have a dream

I have a dream a fantasy

To help me through reality

And my destination makes it worth the while

pushing through the darkness

still another mile

I believe in angels

something good in everything I see

I believe in angels

when I know the time is right for me.

I'll cross the stream

I have a dream

I'll cross the stream

I have a dream

I have a dream a song to sing

To help me cope with anything

If you see the wonder of the fairy tale

You can take the future even if you fail

I believe in angels

something good in everything I see

I believe in angels

when I know the time is right for me

I'll cross the stream

I have a dream

I'll cross the stream

I have a dream

yesterday

yesterday all my troubles seemed so far a way

Now it looks as though they're here oh I believe in

yesterday suddenly. I'm not half the man I

used to be There's shedow hanging over me oh

yesterday came suddenly why she

had to go I don't know she would not say

I said some thing wrong now I long for

yesterday, yesterday

love was such an easy game to play

Now I nees a place to hide a way

oh I believe in yesterday

My way

Frank Sinatra

And now, the end is near

And so I face the final curtain

My friend, I'll make it clear

I'll state my case, of which I'm certain

I've traveled each and every high way

And more, much more then this

I did it my way

Regrets, I've had a few

But then again, too few to mention

I did what I had to do

And saw it through without exemption

I planned each charted course

Each careful step along the by way

And more, much more then this

I did it my way

yes, there were times, I guess you knew

when I bit off much more then I could chew

But through it all, when there was doubt

I ate it up, then spit it out

I stood tall in spite of it all

And did it my way

I've loved, I've laughed and cried

I've had my fill my share of losing

And now, as tears subside

I find it all guite amusing

To think I did all that

And may I say-not in a shy way

oh no no no no

It was my way

For what is a man, what has he got

If not himself then he has naught

To say the thing he truly feels

And not the words of one who kneels

The record shows I took the blows

And did it my way

my way

I want to hold your hand

The Beatles

Oh Yeah, I'll tell you something

I think you'll understand

when I say that something

I wanna hold your hand

I wanna hold your hand

I wanna hold your hand

Oh please say to me

you'll let me be your man

And please say to me

you'll let me hold your hand

Now let me hold your hand

I wanna hold your hand

And when I touch you

I feel happy inside

It's such a feeling that my love

I can't hide, I can't hide, I can't hide

Yeah, you got that something

I think you'll understand

When I say that something

I wanna hold your hand

I wanns hold your hand

I wanns hold your hand

And when I touch you

I feel happy inside

It's such a feeling that my love

I can't hide I can't hide I can't hide

Yeah, you got that something

I think you'll understand

When I feel that something

I wanna hold your hand

I wanna hold your hand

I wanna hold your hand

I wanna hold your hand

My universe

you, you are my universe

And just want to put you first

And you, you are my universe, and I

In the night, I lie and look up at you

when the morning comes, I watch you rise

There's paradise they couldn't capture

That bright infinity inside your eyes

매일 밤, 네게 날아가 꿈이란 것도 잊은 채 나 웃으며 너를 만나

Never ending forever, baby

you, you are my universe

And, just want to put you first

you, you are my universe

And you make my world light up inside

어둠이 내겐 더 편했었지 길어진 그림자 속에서

And they said that we can't be together

Because, Because we come from different sides

you, you are my universe

And I, just want to put you first

And you, you are my universe

And you make my world light up inside

my universe

my universe

my universe

you make my world light up inside

make my world light up inside

나를 밝혀 주는 건 너란 사랑으로 수놓아진 별

내 우주의 넌 또 다른 세상을 만들어 주는 걸

너는 내 별이자 나의 우주니까

지금 이 시련도 결국엔 잠시니까

너는 언제까지나 지금처럼 밝게만 빛나줘

우리는 너를 따라 이 긴 밤을 수놓을 거야

너와 함께 날아가

when I'm without you I'm crazy

자 어서 내 손을 잡아

we are made of each other, baby

you, you are my universe

And I, just want to put you first

And they said we can't be together

Because, Because we come from different sides

when I

we are made of each other, baby

you, you are my universe

And, just want to put you first

you, you are my universe

And you make my world light up inside

my universe

I just want my universe

you, you are my universe, and I

my universe

Let it be

The Beatles

When I find myself in times of trouble

Mother Mary comes to me

Speaking words of wisdom, Let it be

And in my hour of darkness

She is standing right in front of me

Speaking words of wisdom, Let it be

Let it be, Let it be, Let it be, Let it be

Whisper words of wisdom, Let it be

And when the broken hearted people

Living in the word agree

There will be an answer, Let it be

For though they may be parted

There is still a chance that they will see

There will be an answer, Let it be

Let it be, Let it be, Let it be, Let it be

There will be an answer, Let it be

Let it be

Bridge over troubled water

Siman And Garfunkel

When you're weary, feeling small

When tears are in your eyes I will dry them all

I'm on your side when times get rough and

friends just can't be found

Like a bridge over troubled water

I will lay me down

Like a bridge over troubled water

I will lay me down

when you're down and out

when you're on the street

when evening falls so hard I will comfort you

I'll take your part when darkness comes

and pain is all around

Like a bridge over troubled water

I will lay me down

sail on silver girl, sail on by

your time has come to shine

all your dreams are on their way

see how they shine

If you need a friend I'm sailing right behind

Like a bridge over troubled water

I will ease your mind

Like a bridge over troubled water

I will ease your mind

steve Jobs' Stanford commencement Address
첫 번째 이야기

I am honored to be with you today

for your commencement from are of the

finest universities in the world

truth be told

I never graduated from college

and this is the closest I've ever gotten

to a college graduation

Today I want to tell you three stories

from my life

That's it, No big deal, Just three stories

The first story is about connecting dot

I dropped out of reed college after the

first 6 months but then stayed around

as a drop in for another 18 months or so

before I really quit

so why did I drop out?

It started I was born

my biological mother was a young

unwed graduate student

and she decided to put me up for adoption

she felt very strongly that I should be adopted

for by college graduates

So everything was all set for me to be adopted

at birth by a lawyer and his wife

Except that when I popped out they decided

at the last minute that they really wanted girl

so my parents who were on a waiting list

got a call in the middle of the night asking

we have an unexpected baby boy

do you want him?

They said: "of course."

My biological mother found out later

that my mother had never graduated from college

and that mu father had never graduated

from high school

She refused to sign the final adoption papers

She only relented a few months later

When my parents promised that

I would someday go to college

This was the start in my life

And 17 years later I did go to college

But I naively chose a college that was

almost as expensive as Stanford

and all of my working-class parents

Savings were being spent on my college tuition

After six months

I couldn't see the value in it

I had no idea what I wanted with my life

and no idea how college was going to help me figure it out

And here I was spending all of the money

my parents had saved their entire life

So I decided to drop out and trust

that it would all work out OK

It was pretty scary at the time, but

looking back it was one of the best decisions

I ever made

The minute dropped out I could stop

taking the required classes that didn't interest me

And begin dropping in on the ones

that looked interesting

It want all romantic

I didn't have a dorm room. So I slept on

the floor in friends rooms

I returned coke bottles for the 5¢ deposits to buy food
with

And I would walk the 7 miles

across town every Sunday night

to get one good meal a week

at the Hare Krishna temple I loved it

And much of what I stumbled into by following

my curiosity and intuition

turned out to be priceless later on

Let me give you one example

Reed college at that time offered perhaps

the best calligraphy instruction

in the country

Throughout the campus every poster

every label on every drawer, was

beautifully hand calligraphed.

Because I had dropped out and didn't have to take the normal classes.

I decided to fake a calligraphy class to learn how to do this

I learned about serif and san serif typefaces.

about varying the amount of space

between different letter combination,

about what makes great typography great.

It was beautiful, historical, artistically

subtle in a way that science can't capture.

and I found it fascinating.

None of this had even a hope of any practical

application in my life.

But ten years later, When we were

designing the first Macintosh computer, it all came back
to me.

And we designed it all into the mac.

It was the first computer with beautiful typography.

If I had never dropped on that single course in college.

the Mac would have never had multiple

typefaces or proportionally spaced fonts.

And since windows just copied the mac.

its likely that no personal computer would have then.

If I had never dropped out I would

have never dropped in on this calligraphy class.

and personal computers might not

have the wonderful typography that they do

of course it was impossible to connect the dots looking

forward

when I was in college

But it was very, very clear looking back wards ten years later.

Again, you can't connect the dots looking forward

you can only connect them looking backwards.

So you have ti trust that the dots

Will somehow connect in your future.

you have to trust in something-your gut

destiny, lift, karma, whatever.

Because believing that the dots will

connect down the road

will give you the confidence to follow your heart.

Even when it leads you off the well-won path.

and that would make all the difference.

두 번째 이야기는 사랑과 상실입니다.

Chapter

3

악보

촛불의 노래
님을 그리며 (유관순)

단심 작사
단심 작곡

그 푸르고 푸른 맑고 고운 그 영혼

제단에 바치사 기도하신 우리누님의 음성

나의 하나님 조국위해 바칠목숨이

이 소녀에겐 하나밖에 없는 것이 원통하오

뿐이옵니다 이 작은 내촛불 횃불되게 하셔서

북녘의 동포들까지 해방시켜 주시옵소서

NOTE

나의 희망

단심 작사
단심 작곡

주님은 언제나 나와 함께 계시네 나와 함께 계신 주

나를 인도하시네 거친 파도 폭풍 속에 잔잔한

물 가에 주 예 수 님 늘 함께

NOTE

나 같은 죄인 살리신

AMAZING GRACE: 8,6,8,6
Traditional American Melody
Arr. by E.O. Excell,1900

405

1. 나 같 은 죄 인 살 리 신　주 은 혜 놀 라 와
2. 큰 죄 악 에 서 건 지 신　주 은 혜 고 마 와
3. 이 제 껏 내 가 산 것 도　주 님 의 은 혜 라
4. 거 기 서 우 리 영 원 히　주 님 의 은 혜 로

잃 었 던 생 명 찾 았 고　광 명 을 얻 었 네
나 처 음 믿 은 그 시 간　귀 하 고 귀 하 다
또 나 를 장 차 본 향 에　인 도 해 주 시 리
해 처 럼 밝 게 살 면 서　주 찬 양 하 리 라

아　　　멘

Amazing Grace! How Sweet the Sound!

AMAZING GRACE: 8,6,8,6
Traditional American Melody
Arr. by E,O, Excell,1900

1. A-maz-ing grace! how sweet the sound! That saved a wretch like me!
2. T was grace that taught my heart to fear, And grace my fears re - heved.
3. Thro's man - y dan - gers, toils, and snares I have al - read - y come.
4. When we've been there ten thou - sand years, Bright shin - ing as the sun,

I once was lost, but now I am found; Was blind, but now I see.
How pre - cious did that grace ap - pear The hour I first be - lieved!
Tis grace hath bro't me safe thus far, And grace will lead me home.
We'ye no less days to sing God's praise Than when we first be - gun.

A - men.